UNE VIE ÉCO-RESPONSIBLE

Une vie éco-responsible

Faire des choix qui profitent à la Terre

TRISTAN EVERGREEN

QuantumQuill Press

CONTENTS

Introduction

Dans une période marquée par le développement de difficultés naturelles, l'idée d'un mode de vie respectueux de l'environnement est passée d'un intérêt spécialisé à un besoin pressant. En son centre, la vie éco-responsable illustre les décisions et les mesures que nous prenons pour limiter notre impression écologique, en tentant de trouver une concordance entre nos modes de vie et le monde normal. Cette façon d'aborder la vie nous incite à réfléchir non seulement à la rapidité d'adaptation ou au coût de nos décisions, mais également à leurs effets sur le bien-être du monde et la prospérité des peuples à l'avenir.

L'adoption d'un mode de vie respectueux de l'environnement ne pourrait être plus significative. Chaque élément de notre routine quotidienne , de la nourriture que nous consommons aux moyens de transport dont nous dépendons, s'ajoute à un tableau plus large qui influence les environnements mondiaux, les changements environnementaux et la biodiversité. L'effet global des activités individuelles a la capacité d' influencer l'équilibre vers la soutenabilité ou la corruption naturelle. Par conséquent, comprendre et modérer nos propres effets écologiques et ceux de tous devient une question de décision morale ainsi que d'endurance.

Ce livre, est créé pour vous guider tout au long de l'excursion de compréhension et de mise en œuvre de pratiques raisonnables dans différents aspects de la vie. Il prévoit d'éclairer les moyens par lesquels les gens peuvent contribuer à un changement naturel plus important et positif. En coordonnant les normes de maintenabilité dans nos horaires, nous améliorons notre satisfaction personnelle et participons à une évolution mondiale vers une planète plus pratique et impartiale.

Organisé pour prendre particulièrement soin des deux amateurs et de ceux qui les entourent sur la voie d'un mode de vie éco-responsable, ce livre se déroule en parties définies qui couvrent des sujets cruciaux comme la compréhension de notre effet naturel, l'adoption de rudiments de vie pratiques et l'exploration des routes à parcourir. les éléments essentiels pour provoquer un changement significatif. Chaque segment est destiné à fournir des éléments de connaissances importants et des conseils utiles, faisant de la gérabilité un objectif réalisable pour tous.

Alors que nous plongeons dans des conversations sur la réduction des déchets, la surveillance de l'énergie, une alimentation raisonnable et des transports respectueux de l'environnement, le livre jette les bases de pratiques de vie essentielles et gérables. Pour aller de l'avant, il s'aventure dans des sujets plus développés tels que le style maintenable, la planification financière verte, la préservation de l'eau et le soutien de la biodiversité. En outre, cela souligne l'importance de l'engagement, du soutien, du changement de stratégie et de la scolarité au niveau local pour développer une zone locale viable. Enfin, le partage d'excursions et d'histoires individuelles représente une véritable utilisation d'un mode de vie éco-responsable, offrant motivation et inspiration pour entreprendre ou poursuivre cette excursion satisfaisante.

Entreprendre une excursion vers une vie éco-responsable est à la fois une responsabilité individuelle et une activité globale vers un avenir plus pratique. Ce livre vous sert d'aide, vous permettant de réfléchir à vos décisions quotidiennes , de saisir leurs ramifications plus étendues et d'adopter les pratiques qui contribuent résolument à la prospérité du monde. Alors que nous étudions ces sujets et ces techniques, rappelez-vous que chaque petit pas compte. Ensemble, nos décisions et nos activités peuvent ouvrir la voie à une planète meilleure et à une conjonction plus supportable avec le monde ordinaire.

| **1** |

Chapitre 1 : Comprendre notre impact

La pensée de l'impression carbone

La maxime « empreinte carbone » s'est transformée en une institution dans les discussions sur le changement écologique et la légitimité. Cela implique la quantité totale de substances nocives pour la couche d'ozone, principalement le dioxyde de carbone, qui sont envoyées clairement ou indirectement par des individus, des affiliations, des choses ou des événements. Ces écarts s'ajoutent à une modification globale de la température et à un changement naturel, ce qui rend la compréhension et la diminution de notre empreinte carbone pressantes pour la sensibilité biologique.

Chaque geste que nous effectuons, de la conduite d'un véhicule au chauffage de nos maisons, intègre la consommation d'énergie, dont une grande partie provient en réalité de produits à base de pétrole . Ces activités libèrent du dioxyde de carbone et d'autres substances nocives pour la couche d'ozone dans le climat, augmentant ainsi la force et provoquant le réchauffement de notre planète. Les conséquences sont considérables et affectent les conditions météorologiques, le niveau de la mer et les structures organiques de toute la planète.

Traiter son empreinte carbone peut être une expérience édifiante, révélant ce que les choix de vie signifient clairement pour l'environnement. Quelques ordinateurs et instruments Web plus petits que d'habitude sont ouverts pour aider les individus et les associations à étudier leurs résultats en matière de dérivés pétroliers, en prenant des décisions plus éclairées sur la consommation d'énergie, le transport et les penchants d'utilisation.

Libérer les effets du changement naturel nécessite un mouvement total pour diminuer nos impressions carbone. Cela peut inclure des changements directs, tels que le passage à des machines économes en énergie, la réduction de la consommation de viande ou l'adoption d'un transport ouvert dans des véhicules confidentiels. Dans une plus large mesure, maintenir des sources d'énergie inoffensives pour l'écosystème et maintenir des techniques réduisant les effets secondaires des produits pétroliers sont des étapes essentielles vers un avenir plausible.

En l'obtenant et en attendant un sentiment de fierté quant à notre empreinte carbone, nous pouvons rechercher des choix qui profitent à nos propres vies et contribuer à un travail global de lutte contre le changement écologique. La démarche vers la viabilité commence avec précaution, et voir notre empreinte carbone est la principale étape pour faire une énorme différence.

La pollution plastique et ses répercussions

La contamination par le plastique est devenue l'un des problèmes environnementaux les plus urgents de mémoire d'homme. Avec un nombre énorme de déchets plastiques qui pénètrent régulièrement dans nos océans, l'impact sur la vie marine, les cadres naturels et la prospérité humaine est critique. Le plastique, en raison de sa nature résistante, peut persister longtemps dans l'environnement, provoquant un exemple de souillure qui tente de se briser.

La commodité du plastique a provoqué sa présence généralisée dans nos horaires standards, mais son évacuation présente d'immenses problèmes. Les plastiques à usage unique, comme les emballages, les conteneurs et les pailles, sont les principaux rassemblements responsables, finissant de temps en temps dans les cours d'eau et les océans, où ils se séparent en microplastiques. Ces petites particules sont ingérées par les animaux marins, entrant dans la hiérarchie de dominance et ayant potentiellement un impact sur la prospérité humaine.

Lutter contre la pollution plastique nécessite une technique ahurissante . Réduire l'utilisation de plastiques à usage unique, créer davantage de structures de gestion des déchets et soutenir l'amélioration des choix biodégradables sont des cadres clés. Les individus peuvent avoir un impact en adoptant des objets réutilisables, en participant à des tentatives de nettoyage de zones et en faisant pression pour des méthodologies qui limitent la création de plastique et permettent la réutilisation.

La lutte contre la pollution plastique ne consiste pas seulement à protéger la vie marine et à sauver les éminences ordinaires ; cela est lié à la garantie d'une planète meilleure pour les individus plus tard . En comprenant les résultats de notre utilisation du plastique et en prenant des mesures pour orienter son impact, nous pouvons contribuer à endiguer la vague de pollution et évoluer vers un monde plus plausible.

Difficultés liées à la biodiversité

La biodiversité, l'ensemble de la vie dans le monde, est la clé de la prospérité et de la pérennité des cadres naturels. Il maintient tout, de la sécurité alimentaire et de l'eau propre à l'anticipation irrésistible et à la règle climatique. Quoi qu'il en soit, les activités humaines, à l'instar de la déforestation, de la pollution et des changements naturels, provoquent une perte considérable de biodiversité, compromettant la persévérance d'innombrables espèces et les structures organiques qui en dépendent.

Les explications derrière le recul de la biodiversité sont déconcertantes, mais elles sont généralement déterminées par l'expansion des cultures, le développement métropolitain et la tromperie sur les ressources coutumières. Ces activités écrasent les éléments environnementaux habituels ainsi que les conditions de la zone, ce qui rend difficile le grattage et l'imitation des espèces. Le changement écologique détériore ces souches, modifiant les facteurs environnementaux habituels et perturbant l'harmonie délicate des cadres naturels.

Les conséquences du recul de la biodiversité sont vastes et ont un impact sur les espèces en péril ainsi que sur les peuples humains. Les structures organiques paralysées par le manque de biodiversité sont moins préparées à offrir le type d'aide dont nous dépendons, comme le traitement, le nettoyage de l'eau et la séquestration du carbone. De plus, la biodiversité est une source de matériel génétique indispensable à la médecine, à l'agriculture et à l'industrie.

Remédier au recul de la biodiversité nécessite un travail organisé pour protéger et restaurer les conditions, mettre en œuvre des pratiques viables d'utilisation des terres et faciliter les changements naturels. Ceci peut être réalisé grâce au soutien des districts protégés, à la progression du développement respectueux de la biodiversité et au soutien des campagnes d'assurance. Les individus peuvent contribuer en soutenant les affiliations à la conservation, en proposant des choix abordables aux clients et en exposant les problèmes liés à la signification de la biodiversité.

Comprendre notre impact sur la planète est la démarche la plus fondamentale vers l'adoption d'un mode de vie plus respectueux de l'environnement. En prenant conscience des répercussions de notre empreinte carbone, des résultats de la pollution plastique et de l'importance de sauvegarder la biodiversité, nous pouvons commencer à faire des choix qui profitent à nous-mêmes ainsi qu'à la Terre. Alors que nous allons de l'avant, acceptons l'engagement de traiter notre planète avec soin, garantissant ainsi un monde possible et prospère à partir de maintenant, indéfiniment.

Chapitre 2 : Bases d'un mode de vie durable

Diminuer les déchets

Dans la mission de praticité, la réduction des déchets est considérée comme un objectif essentiel et réalisable. Le mantra « Diminuer, Réutiliser, Réutiliser » offre une conception directe mais convaincante pour restreindre notre impression biologique. En nous concentrant d'abord sur la diminution de ce que nous consommons, nous réduisons clairement la quantité de déchets produits et les ressources attendues pour la création et l'expulsion.

La diminution des déchets nécessite un travail de discernement pour étudier nos nécessités par rapport à nos besoins. Cela implique de choisir des objets dont l'emballage est insignifiant, de choisir de meilleures normes indépendamment de tout le reste et d'éviter les objets à usage unique pour différents choix réutilisables. Des changements clairs, par exemple transporter une bouteille d'eau réutilisable, faire ses courses avec des sacs de matériaux et utiliser des compartiments rechargeables, peuvent pratiquement tuer les déchets plastiques.

Passé un usage confidentiel, la réduction des déchets passe aussi par la surveillance du gaspillage alimentaire. Organiser des dîners, acheter exactement ce dont nous avons besoin et trouver des moyens de conserver ou d'utiliser de manière créative des articles supplémentaires sont des pratiques qui contribuent à un mode de vie réduisant les déchets. Le traitement des déchets normaux réduit encore davantage la charge sur les décharges, renvoyant ainsi des améliorations cruciales au sol.

La réduction des déchets n'est pas seulement une démonstration d'assurance normale ; c'est une déclaration de norme contre la culture du jetable qui ajoute à la corruption globale. En adoptant une méthode plus prudente de gestion de l'utilisation, nous pouvons montrer aux autres comment cela se termine, en les incitant à réfléchir à l'impact de leurs choix et en développant une culture du raisonnable.

Capacité énergétique à la maison

La capacité énergétique est la base d'un mode de vie raisonnable, offrant des avantages à la fois biologiques et financiers. En modifiant la façon dont nous utilisons l'énergie dans nos maisons, nous pouvons réduire de bout en bout les émissions de substances nocives pour la couche d'ozone et obtenir de bonnes affaires sur les factures d'aide. L'évolution vers les capacités énergétiques commence par des avancées directes qui peuvent avoir un impact considérable après un certain temps.

L'une des approches les plus simples pour améliorer l'efficacité énergétique consiste à passer à l'éclairage Drove. Les LED consomment une part non pertinente de l'énergie des ampoules brillantes traditionnelles et durent fondamentalement plus longtemps, réduisant ainsi la consommation d'énergie et le gaspillage. La refonte de la sécurité de la maison est une autre mesure importante, car elle limite le manque d'électricité en hiver et maintient les maisons plus fraîches en été, réduisant ainsi le besoin de chauffage et de climatisation.

Les machines à capacité énergétique attendent également une pièce de base. Alors que le moment présent constitue la meilleure opportunité de remplacer ou de mettre à niveau les appareils, le choix de modèles avec des évaluations de capacité énergétique élevées peut générer des actifs de risque colossaux et réduire les effets secondaires des dérivés pétroliers. De même, adopter des penchants, par exemple, changer les lumières lorsqu'elles ne sont pas utilisées, éteindre les appareils électroniques qui ne sont pas chargés et utiliser des contrôleurs intérieurs astucieux peuvent propulser la consommation d'énergie dans toute la maison.

Placer les actifs dans des sources d'énergie inoffensives pour l'écosystème, telles que les chargeurs basés sur la lumière du jour , peut en outre accroître l'efficacité énergétique et la légitimité d'une maison. Bien que l'effort fondamental puisse être plus élevé, les actifs spéculatifs excessivement longs et les bénéfices réguliers rendent inoffensif pour l'énergie de l'écosystème une décision certainement intéressante pour les titulaires de prêts immobiliers éco-responsables.

En nous concentrant sur la viabilité énergétique, nous ne nous contentons pas de contribuer à la lutte contre le changement naturel, mais nous adoptons également un mode de vie qui valorise la sécurité des ressources et la gestion de l'environnement. Ces exercices, lorsqu'ils sont copiés sur les réseaux, peuvent provoquer d'énormes réductions de la consommation d'énergie et des rejets de substances qui détruisent la couche d'ozone sur toute la planète.

Exemples diététiques réalisables

Une alimentation accessible est liée au choix de sources alimentaires qui sont une bonne idée à la fois pour la planète et pour notre corps. Cela implique de réfléchir à la manière dont les aliments sont fabriqués, pris en charge et déplacés, ainsi que de faire des choix qui limitent l'impact biologique. Il est indispensable pour une alimentation efficace de diminuer la consommation de viande, en particulier de viandes rouges et de viandes traitées, qui ont une empreinte colossale en carbone et en eau compte tenu des ressources attendues pour le développement des créatures apprivoisées.

Adopter un régime alimentaire à base de plantes, exclusivement ou non , peut réduire considérablement l'empreinte carbone d'une personne. Les assortiments d'aliments à base de plantes nécessitent généralement moins d'eau, de terre et d'énergie pour être transportés que les assortiments d'aliments à base d'animaux . Coordonner des aliments plus normaux, des légumes, des légumes et des céréales lors de fêtes, aide l'environnement et soutient une alimentation forte et contrastée.

Une alimentation sensée de la même manière suggère une zone de cueillette et des produits périodiques, quel que soit le moment où ce qui se passe le permet. Cela réduit les résultats des sources d'énergie non renouvelables liés au transport de nourriture sur de grandes distances et soutient les agriculteurs et les économies à proximité. De plus, l'achat de sources alimentaires régulières peut contribuer à la prospérité des sols et à la biodiversité, dans la mesure où les pratiques de développement normales évitent l'utilisation de pesticides et d'excréments conçus.

Limiter le gaspillage alimentaire est un autre élément essentiel de l'alimentation légitime. En organisant les repas, en prenant soin de la nourriture correctement et en utilisant des articles supplémentaires de manière inventive, les individus peuvent, à un niveau très élémentaire, réduire la quantité de nourriture gaspillée. Cela préserve les ressources et diminue les rejets de méthane provenant de la désintégration des aliments dans les décharges.

Adopter des exemples alimentaires plausibles est un point fort pour influencer la structure des aliments vers des pratiques plus inoffensives pour l'environnement. Grâce à des choix prudents quant à ce que nous mangeons, nous pouvons maintenir un système alimentaire qui protège les deux peuples et la planète.

Transport éco-obligatoire

Le transport est un allié majeur des résultats globaux des sources d'énergie non renouvelables, ce qui rend les choix de déplacements respectueux de l'environnement cruciaux pour réduire notre impact quotidien. Des choix de transport viables comme la marche, le vélo et l'utilisation des transports publics diminuent la pollution ainsi que la prospérité et le quartier.

La marche et le vélo sont les stratégies de transport les plus inoffensives pour les systèmes biologiques. Ils ne produisent aucune effusion, réduisent les impasses et favorisent une véritable prospérité. Pour ceux qui vivent dans les zones métropolitaines, ces décisions peuvent de temps en temps être plus rapides et plus accommodantes sur de courtes distances que la conduite automobile.

Les transports publics sont un autre choix judicieux. Les transports , les trains et les tramways diminuent essentiellement l'impact carbone individuel du développement en répartissant le trajet entre différents voyageurs. En choisissant les transports publics plutôt que les véhicules confidentiels, les individus peuvent contribuer à réduire les résultats des sources d'énergie non renouvelables et à diminuer l'intérêt pour les produits pétroliers .

Pour les distances plus longues ou lorsque diverses décisions ne sont pas accessibles, le partage de véhicules et le choix de véhicules électriques ou plus légers peuvent atténuer l'impact naturel. Les véhicules électriques (VE), limités par leur inoffensivité pour l'énergie de l'écosystème, offrent un choix prometteur par rapport aux véhicules alimentés au carburant traditionnels, avec la probabilité de réduire considérablement les rejets de substances drainant la couche d'ozone provenant de la région des transports.

Adopter des stratégies de transport éco-responsables n'est pas simplement une étape vers la légitimité mais aussi une opportunité de reconsidérer notre rapport au développement. En nous concentrant sur les décisions qui profitent à l'environnement, nous pouvons contribuer à faire progresser vers un monde plus sensé et plus connecté.

Chapitre 3 : Aller au-delà des bases

Conception gérable

La conception gérable défie les normes de l'industrie de la conception rapide en poussant à l'assemblage moral, à l'obtention de matériaux et à la conduite des acheteurs. Le modèle de conception rapide, décrit par des cycles de création rapides et des vêtements à moindre coût, contribue globalement à la dégradation écologique et aux abus au travail. À l'inverse, le design gérable s'articule autour de la confection de vêtements qui limitent l'effet naturel et garantissent des conditions de travail équitables.

Un élément essentiel du style pratique est le choix des matériaux. Les marques durables utilisent fréquemment du coton naturel, des textures réutilisées et d'autres matériaux respectueux de l'environnement qui nécessitent moins d'eau et de composés synthétiques pour être créés que les matériaux ordinaires. En outre, ces marques mettent l'accent sur la robustesse et le design intemporel, permettant aux acheteurs d'acheter moins, de plus grandes choses et qui durent plus longtemps.

Les acheteurs peuvent participer de manière raisonnable en adoptant une manière plus prudente de gérer leurs achats. Cela implique d'acheter moins , mais de choisir de bonnes marques, de soutenir les marques morales et de considérer les vêtements d'occasion ou classiques comme des choix appropriés et chics. La réparation et le recyclage des vêtements jouent également un rôle essentiel dans l'élargissement de l'existence des vêtements et la réduction des déchets.

L'évolution vers un design raisonnable ne consiste pas seulement à changer la façon dont nous achetons des vêtements ; cela est lié au changement de notre rapport au style. Cela nous pousse à estimer des normes plus élevées quoi qu'il arrive, à réfléchir aux récits derrière nos vêtements et à prendre des décisions qui concernent les deux individus et la planète.

Gestion de l'argent vert

La gestion de l'argent vert aborde la convergence de l'argent et de la gestion écologique. Cela comprend la distribution de capitaux vers des organisations, des entreprises et des innovations qui contribuent à un monde plus supportable. À mesure que la conscience des problèmes naturels se développe, de plus en plus de bailleurs de fonds recherchent des portes ouvertes offrant des rendements monétaires et ayant un impact considérable sur la planète.

Les entreprises vertes peuvent prendre de nombreuses structures, notamment des projets énergétiques respectueux de l'environnement, une agriculture économique, une innovation propre et des organisations dotées de solides pratiques écologiques, sociales et administratives (ESG). En coordonnant les actifs vers ces domaines, les bailleurs de fonds peuvent soutenir le changement vers une économie à faible émission de carbone, faire progresser la protection des actifs et encourager le développement de la soutenabilité.

Pour les bailleurs de fonds individuels inspirés par la gestion de l'argent vert, plusieurs choix s'offrent à eux. Les actifs partagés et les réserves échangées (ETF) axés sur des sujets de gérabilité offrent une ouverture accrue aux spéculations vertes. Là encore, un intérêt direct pour les obligations vertes ou un grand nombre d'organisations participant à des répétitions de soutien considère une influence plus désignée.

La gestion de la monnaie verte attend un niveau d'effort raisonnable pour garantir que les spéculations correspondent aux objectifs de gérabilité. Cela peut inclure d'enquêter sur les rapports de soutenabilité des organisations, de déterminer leurs évaluations ESG et de rester informé des effets plus étendus sur leurs tâches. Malgré ces difficultés, la planification financière verte offre le double avantage de contribuer à un avenir plus pratique tout en produisant éventuellement des rendements solides.

Méthodes de préservation de l'eau

L'eau est un atout précieux , mais sa préservation est souvent ignorée dans les discussions sur la maintenabilité. Une utilisation productive de l'eau est essentielle pour réduire le poids sur les sources d'eau douce, sauver les systèmes biologiques et atténuer les impacts des saisons sèches et de la pénurie d'eau. Depuis les habitudes de base à la maison jusqu'aux déplacements à l'échelle locale, il existe différentes manières de préserver l'eau.

Au niveau singulier, la réduction de l'utilisation de l'eau peut être obtenue grâce à des pratiques quotidiennes telles que le nettoyage, la réparation instantanée des déversements et l'utilisation d'appareils économes en eau. Dans la pépinière, l'utilisation de plantes résistantes à la sécheresse, la répétition de la collecte de l'eau et l'utilisation de systèmes d'eau courante peuvent réduire la consommation d'eau.

Les activités privées passées, le soutien et l'exécution des arrangements pratiques du conseil d'administration de l'eau aux niveaux du quartier et du public sont fondamentaux. Cela peut inclure des efforts en faveur de la sécurité des zones humides, qui canalisent et stockent normalement l'eau, et le soutien de projets-cadres qui favorisent une utilisation et une réutilisation efficaces de l'eau.

La préservation de l'eau n'est pas simplement une question d'actif pour le conseil d'administration ; c'est un élément fondamental de la supportabilité naturelle mondiale. En adoptant des pratiques d'économie d'eau et en soutenant des stratégies qui protègent les ressources en eau, les personnes et les réseaux peuvent contribuer à un avenir plus réalisable et plus sûr en eau.

Soutenir la biodiversité

La biodiversité, l'ensemble de la vie sur la planète, soutient le bien-être et l'utilité des environnements. Néanmoins, les activités humaines ont entraîné une diminution rapide de la biodiversité, compromettant les administrations environnementales et la prospérité humaine. Soutenir la biodiversité est donc un élément essentiel pour dépasser les rouages de la gestion.

Les gens peuvent préserver la biodiversité de différentes manières, en commençant par leurs propres pépinières ou les espaces verts locaux. L'établissement d'espèces locales, la création d'un environnement naturel propice aux pollinisateurs et l'évitement de l'utilisation de pesticides nocifs peuvent transformer même de petits espaces en zones d'intérêt pour la biodiversité. En outre, participer ou soutenir des projets de protection à proximité, par exemple la remise en état des zones humides ou la plantation d'arbres, peut avoir un impact considérable sur la biodiversité du quartier et locale.

À une échelle plus vaste, il est indispensable de promouvoir des stratégies qui sauvegardent les espaces de vie normaux, les espèces en péril et font progresser une utilisation gérable des terres. Cela peut inclure de soutenir des associations de préservation, de participer à des conversations ouvertes et de se prononcer en faveur de pionniers axés sur la sécurité écologique.

Soutenir la biodiversité n'est pas simplement un objectif naturel ; c'est un intérêt pour notre avenir global. En prenant des mesures pour sécuriser et améliorer la biodiversité, nous pouvons contribuer à garantir la polyvalence des environnements dont dépend toute vie.

| 4 |

Chapitre 4 : Bâtir une communauté durable

S'impliquer dans le groupe Your People

Créer un espace local pratique implique bien plus que des activités individuelles ; cela nécessite un effort et un engagement collectifs. Cela commence par déclencher des discussions sur la capacité de soutien au sein de vos propres cercles : famille, compagnons et voisins. Ces conversations peuvent mettre en lumière des problèmes, partager des informations et inciter l'activité globale à adopter des pratiques plus respectueuses de l'environnement.

L'engagement local peut prendre de nombreuses structures, de la co-ordination des efforts de rangement à proximité à la participation à des studios et à des événements de gestion. De tels exercices contribuent à l'amélioration naturelle et cultivent un sentiment d'appartenance à un territoire local et une perspective commune. De plus, en incluant les organisations de quartier et les écoles dans ces campagnes, la portée et l'effet de ces efforts peuvent être fondamentalement améliorés.

Construire un territoire fonctionnel implique également de soutenir les économies de quartier. Faire du shopping dans les secteurs d'activité des éleveurs locaux, visiter des entreprises privées et participer à des projets agroalimentaires soutenus par la région (CSA) peuvent réduire les empreintes carbone et soutenir les économies voisines. Ces activités dynamisent la création et l'utilisation de produits proches et maintenables, créant ainsi un territoire local polyvalent et interconnecté.

Il est également urgent de collaborer avec le gouvernement local et les décideurs politiques. Le maintien d' une préparation métropolitaine pratique, d'une réception électrique respectueuse de l'environnement et d'espaces verts peut susciter des changements fondamentaux qui contribueront à une zone locale maintenable. Par le biais de pétitions, en participant à des réunions du conseil d'administration ou, dans tous les cas, en faisant campagne pour un poste à proximité, les gens peuvent avoir un impact sur la stratégie et contribuer à l'établissement d'un climat plus pratique pour tous.

Soutien et changement de stratégie

Le soutien joue un rôle urgent dans la conduite du changement de stratégie écologique. En élevant nos voix en faveur du soutien, nous pouvons avoir un impact sur les choix qui façonnent nos réseaux et le monde au sens large. Une promotion efficace implique de s'informer sur les questions écologiques, de parler avec les décideurs politiques et d'inciter les autres à agir.

Une voie de soutien viable consiste à participer ou à organiser des croisades qui mettent l'accent sur des questions écologiques sans ambiguïté, comme la réception d'énergie respectueuse de l'environnement, la réduction des gaspillages ou les efforts de préservation. Ces missions peuvent inclure la rédaction de lettres ou de messages destinés aux autorités choisies , la participation à des spectacles tranquilles ou l'utilisation de scènes de divertissement en ligne pour mettre en lumière les problèmes et contraindre les décideurs politiques à agir.

Construire des alliances et des associations avec d'autres rassemblements écologiques, des associations locales et des organisations peut intensifier les efforts de soutien. Ces efforts coordonnés peuvent constituer un front unifié, rendant la décision d'un changement plus difficile à ignorer. En outre, le fait de captiver les médias pour qu'ils présentent des questions et des activités importantes peut toucher un public plus large et inciter les décideurs politiques à agir.

Rester informé et décider en faveur des pionniers qui se concentrent sur la maintenabilité écologique est un autre élément important de la promotion. Choisir des agents qui se concentrent sur la lutte contre le changement environnemental, la sauvegarde des actifs réguliers et la mise en œuvre d'approches vertes peut conduire à d'énormes progrès dans la construction de réseaux gérables.

Entraînement et efforts

La formation est l'établissement à la suite duquel des réseaux réalisables sont construits. Éduquer les gens sur l'importance de la gérabilité et sur la manière d'intégrer des pratiques écologiques dans leur vie peut avoir un impact révolutionnaire sur une zone locale. Les projets de sensibilisation, les studios et les ateliers peuvent fournir les informations et les capacités nécessaires pour rendre la vie possible accessible à tous.

Les écoles peuvent intégrer la gérabilité dans leurs programmes éducatifs, montrant aux étudiants les problèmes et les dispositions écologiques depuis le début. Les lieux publics et les bibliothèques peuvent avoir des conférenciers et montrer du matériel lié à la supportabilité, offrant des atouts pour l'apprentissage. Les scènes en ligne et les divertissements virtuels offrent également de formidables portes ouvertes pour diffuser des informations et attirer un public plus large.

La participation à des associations ou à des campagnes naturelles de quartier peut donner lieu à une expérience active et à une formation continue. Ces rencontres contribuent à la conscience de soi, renforcent les liens locaux et font progresser une culture de soutien.

En outre, enseigner à la communauté locale les avantages financiers, naturels et médicaux d'une vie réalisable peut stimuler l'activité. Lorsque les individus comprennent les avantages substantiels de la maintenabilité, par exemple une diminution des coûts énergétiques, de meilleurs modes de vie et un climat plus propre, ils sont tenus d'adopter et de promouvoir des pratiques durables.

Approches stratégiques réalisables

Les organisations jouent un rôle central dans la construction de réseaux économiques. En adoptant des pratiques soutenables, les organisations peuvent diminuer leur effet naturel, travailler sur leur notoriété et contribuer résolument à leurs réseaux. Cela implique de mener des activités productives d'énergie, de réduire les déchets, d'obtenir des matériaux réalisables et de soutenir des répétitions de travail équitables.

Donner aux environnements de travail les moyens de devenir écologiquement viables peut commencer par des avancées fondamentales, par exemple en réduisant la consommation de papier, en la réutilisant et en économisant de l'énergie. Les organisations peuvent également se concentrer sur d'autres changements importants, tels que l'adoption de sources d'énergie respectueuses de l'environnement, la mise en place de ressources dans des bases gérables et la garantie que leurs chaînes d'inventaire se concentrent sur les obligations écologiques et sociales.

Soutenir ou créer des organisations éco-accommodantes est une méthode supplémentaire pour enrichir un territoire local pratique. Ces organisations proposent des produits et des services raisonnables et servent de modèles pour des pratiques conscientes. Ils montrent comment les avantages et la supportabilité peuvent rester étroitement liés, permettant ainsi à différentes organisations de s'en tenir à ce même modèle.

Les clients jouent un rôle important dans ce cycle en soutenant les organisations qui se concentrent sur la prise en charge. En décidant de dépenser de l'argent sur des articles et des administrations qui présentent des qualités respectueuses de l'environnement, les clients peuvent susciter l'intérêt pour des pratiques durables et inciter davantage d'organisations à adopter des initiatives vertes.

Chapitre 5 : Parcours personnel vers une vie éco-consciente

S'engager sur la voie d'une vie éco-responsable est à la fois une excursion profondément privée et généralement efficace. Cela implique un changement de contexte, de propensions et, souvent, de valeurs. Cette partie explore ma propre excursion vers la gérabilité, mettant en vedette les difficultés rencontrées, les arrangements trouvés et le cours continu d'apprentissage et d'adaptation à un mode de vie plus pratique.

L'Animateur

Mon processus a commencé par une revigoration, une reconnaissance de la vérité évidente de notre urgence naturelle. C'était un cycle lent, alimenté par des récits, des articles et des perceptions directes du gaspillage, de la contamination et de la dégradation écologique. Cette attention apportait un sentiment d'obligation ; Je ne pouvais désormais plus vivre dans l'ignorance de l'effet de mes décisions sur le monde. L'envie d'avoir un effet, aussi minime soit-il, est devenue l'objectif principal de mon excursion vers une vie éco-responsable.

Faire des changements

Les premières étapes comprenaient des changements évidents pour diminuer mon impression naturelle. J'ai commencé par des activités simples : transporter des packs, des pichets et des supports réutilisables ; diminution de l'utilisation de la viande ; et préserver l'énergie et l'eau à la maison. Chaque pas, aussi minime soit-il, était comme un triomphe. Néanmoins, les défis étaient inévitables. Conquérir le confort des produits jetables, rechercher d'autres options raisonnables et gérables et changer conformément à un régime alimentaire à base de plantes a nécessité des efforts, des recherches et, dans certains cas, diviser la différence.

Aller plus loin

Au fur et à mesure que mon processus avançait, mes activités ont dépassé des changements essentiels. J'ai étudié le design économique, choisi des vêtements d'occasion et fabriqués de manière morale , et j'ai approfondi la planification financière verte, en soutenant les organisations et les tâches ayant un effet écologique positif. J'ai également participé à des efforts de préservation à proximité, comprenant l'importance de la région dans la réalisation d'objectifs naturels plus vastes. Ces changements plus profonds ne visaient pas seulement à limiter les dégâts ; il s'agissait de contribuer efficacement à un changement positif.

L'excursion continue

La vie écoresponsable est une excursion continue, pas un objectif. Il s'agit de trouver, d'ajuster et de rechercher constamment de meilleures approches pour vivre en harmonie avec la planète. Les défis restent , par exemple, explorer les circonstances sociales, compenser l'hébergement par la maniabilité et rester propulsé malgré les problèmes écologiques mondiaux. Quoi qu'il en soit, les récompenses – un bien-être accru, un sentiment d'orientation et les informations que j'ajoute à un grand plus important – compensent de loin les difficultés.

Depuis mon voyage, j'ai compris qu'une vie éco-responsable n'est pas une question de perfection mais plutôt de progrès. Cela implique de prendre de meilleures décisions, lentement mais sûrement, et de motiver les autres à faire de même. Cette excursion m'a montré la force des activités individuelles associées aux efforts collectifs. Ensemble, nous pouvons créer un monde plus pratique, en ce qui nous concerne , mais aussi pour les gens de demain.

Conclusion

Alors que nous terminons « Vivre éco-cognitif : prendre des décisions qui profitent à la Terre », nous considérons l'excursion comme adoptée : un voyage à travers les domaines de la soutenabilité, fondé sur la force de l'activité individuelle et collective. Ce livre a parcouru les éléments essentiels d'une vie raisonnable, s'est promené dans les domaines des répétitions d'avant-garde et a mis en évidence le travail crucial de l'engagement local et de la responsabilité individuelle. Il s'agit d'éclairer autant que de motiver ; il ne s'agit pas seulement d'aider à stimuler l'activité vers une présence plus gérable.

Partir sur la voie d'un mode de vie respectueux de l'environnement est à la fois une décision individuelle et un objectif global. Nous avons étudié les nombreuses façons dont nos routines quotidiennes se croisent avec le climat – de la nourriture que nous mangeons et des vêtements que nous portons aux entreprises que nous réalisons et aux réseaux que nous contribuons à construire. Chaque section a mis en lumière le potentiel d'influence inhérent à ces points de passage, offrant des avancées viables pour avancer de manière encore plus délicate sur Terre tout en améliorant nos propres vies et celles des gens à l'avenir.

Cependant, l'excursion ne s'arrête pas là. La gérabilité est un échange progressif entre notre information croissante sur les nécessités du monde et notre capacité d'avancement et de sympathie. C'est une voie produite par l'apprentissage continu, la variation et le désir de participer aux cycles de progrès complexes, parfois testés. L'histoire d'une vie éco-responsable est composée de manière cohérente, avec chaque activité, chaque décision, s'ajoutant à une plus grande histoire de confiance et de flexibilité.

Ce livre a en outre mis en évidence la signification de la zone locale dans la condition de supportabilité. Un mode de vie durable, dans sa substance, est une entreprise mutuelle – une broderie d'activités individuelles tissées dans un pouvoir global pour une gestion naturelle. En nous associant à nos réseaux, en défendant des stratégies maintenables, en enseignant aux autres et en soutenant les organisations vertes, nous améliorons l'effet de nos décisions, produisant une vision commune d'un avenir économique.

Dans l'impression de notre processus réside la compréhension que la soutenabilité n'est pas un objectif mais plutôt un processus cohérent de développement et d'amélioration. Il s'agit de faire tout ce que l'on peut attendre avec ce que nous avons, en réalisant que chaque pas franchi est un pas vers une planète meilleure. Aux difficultés de la vie économique s'ajoutent d'importantes portes ouvertes pour l'avancement, l'association et la recharge. Alors que nous avançons, transmettons les éléments de connaissances et de motivations de ces pages dans nos vies, en embrassant les plaisirs et les obligations d'une vie éco-responsable.

« Vivre de manière éco-responsable : prendre des décisions qui profitent à la Terre » est plus qu'une aide ; c'est une salutation. Un encouragement à voir le monde avec un nouveau regard, à percevoir notre capacité à influer sur le changement et à avancer résolument vers un avenir où les gens ne feront plus qu'un avec le monde normal. Alors que nous fermons cette partie, une autre s'ouvre – une section d'activité, de confiance et d'obligation envers la terre qui nous soutient.

Ensemble, nous avons la capacité de façonner un monde réalisable. Nos décisions d'aujourd'hui se répercuteront à travers les âges, démontrant notre respect pour la planète et les uns pour les autres. Permettez-nous de choisir judicieusement, avec un cœur et un psychisme ouverts aux vastes résultats potentiels d'un avenir pratique.

Ressources additionnelles

S'engager sur la voie d'un mode de vie respectueux de l'environnement est une entreprise compensatoire qui profite à la fois à l'individu et à la planète. Pour faciliter davantage votre voyage, une multitude d'actifs sont accessibles qui peuvent élargir votre compréhension, motiver l'activité et vous connecter à des réseaux similaires. Les atouts suivants sont soigneusement choisis pour vous orienter dans différentes parties de la vie maintenable.

Livres

1. "Cela change tout : le capitalisme contre le climat" par Naomi Klein - Une enquête convaincante sur le lien entre l'avilissement naturel et les travaux financiers, offrant des éléments de connaissances sur les changements et développements stratégiques révolutionnaires.
2. "Le mode de vie zéro déchet : bien vivre en jetant moins" par Amy Korst - Donne des conseils utiles pour réduire le gaspillage familial, en soulignant l'importance de petits changements avec un effet majeur.
3. "Cradle to Cradle : Remaking the Way We Make Things" par William McDonough et Michael Braungart - Un livre important qui reconsidère les normes de planification des articles pour une prise en charge naturelle.

Sites Web et plateformes en ligne

- L'Environmental Working Group (EWG) - Offre des ressources pour réduire l'exposition aux produits chimiques et adopter un mode de vie plus sain et plus durable. (www.ewg.org)

- TreeHugger - Un média de premier plan dédié à la promotion du développement durable, couvrant un large éventail de sujets allant du design écologique aux sciences naturelles. (www.treehugger.com)
- The Minimalists - Fournit de l'inspiration et des conseils pour vivre une vie pleine de sens avec moins, en mettant l'accent sur le désencombrement et la consommation consciente. (www.theminimalists.com)

Applications et outils

- Good On You - Une application mobile qui évalue l'impact éthique et environnemental des marques de vêtements, vous aidant ainsi à faire des choix de mode éclairés.
- Ecosia - Un moteur de recherche qui utilise ses bénéfices pour planter des arbres. En parcourant essentiellement le Web, vous pouvez contribuer aux efforts de reboisement.
- OLIO - Connecte les voisins entre eux et avec les entreprises locales afin que les surplus de nourriture et d'autres articles puissent être partagés et non jetés.

Organisations à soutenir ou pour lesquelles faire du bénévolat

- The Nature Conservancy – Travaille dans le monde entier pour protéger les terres et les eaux écologiquement importantes pour la nature et les humains. Le bénévolat ou le don peuvent soutenir leurs efforts de conservation.
- 350.org - Un mouvement international œuvrant pour mettre fin à l'utilisation des combustibles fossiles et passer aux énergies renouvelables. Ils organisent des campagnes populaires à l'échelle mondiale.
- Groupes et initiatives environnementaux locaux – S'engager auprès d'organisations environnementales locales peut faire une différence tangible dans votre communauté. Envisagez de faire

du bénévolat pour des événements de plantation d'arbres, des nettoyages de plages ou des projets de jardinage communautaire.

Rester informé et engagé

Au fur et à mesure que vous poursuivez votre excursion de vie éco-responsable, il sera impératif de rester instruit et impliqué dans la région. Rendez-vous dans les studios, rejoignez les rassemblements naturels du quartier et participez à des discussions en ligne pour partager des rencontres et profiter des autres. Gardez à l'esprit que la progression vers un mode de vie plus gérable est un cycle lent, chargé d'apprentissage de précieuses portes ouvertes et d'instantanés de réflexion. En utilisant ces atouts, vous vous dirigez vers des décisions qui profitent à la fois à vous et à la Terre.

Ce récapitulatif n'est qu'un début. Le domaine de la maintenabilité est immense et en constante évolution, alors continuez à rechercher de nouvelles données, mettez-vous au défi de vous développer et partagez vos connaissances avec les autres. Ensemble, nous pouvons avoir un impact considérable sur la force de notre planète.

Impressum

Per domande, feedback e suggerimenti:

support@specialartbooks.com
Brice Brant, Special Art

Copyright © 2022

www.specialartbooks.com

Immagini © Shutterstock
illustrazione cover realizzata da :
Maria Francesca Perifano